ENSEIGNEMENT PROFESSIONNEL

CONFÉRENCE

...UR LE BRONZE

PAR

S. PÉRISSÉ

Ingénieur des Arts et Manufactures,
...ice-Président de la Société des Ingénieurs civils de France,
Membre du Jury (Mécanique) aux Expositions internationales,
Expert près les Tribunaux.

PARIS

IMPRIMERIE E. CAPIOMONT ET Cie

6, RUE DES POITEVINS, 6

—

1887

LE BRONZE

PAR

M. S. PÉRISSÉ

Ingénieur des Arts et Manufactures,
Vice-Président de la Société des Ingénieurs civils de France,
Membre du Jury (Mécanique) aux Expositions internationales,
Expert près les Tribunaux.

CONFÉRENCE DU 27 JANVIER 1887

Dans les premiers âges de l'humanité, les hommes, nus et désarmés en présence d'animaux pourvus de fourrures et armés de dents et de griffes, ont dû, pour se garantir contre les intempéries et contre les attaques des animaux, s'armer d'outils primitifs, de silex éclatés. C'était l'âge de la pierre éclatée, auquel succéda l'âge de la pierre polie, celle à laquelle nos aïeux imaginèrent de polir sur le grès le tranchant des haches et la pointe de leurs outils.

Le métal leur manquait. Lorsqu'il apparut, une révolution se produisit sur la terre et l'humanité entra dans l'âge de bronze.

Le cuivre et l'or furent sans doute les premiers métaux découverts par les hommes et sans doute à l'état natif ; mais l'or existait à l'état de paillettes tandis que le cuivre se présenta sous la forme d'une pierre rouge, brillante, susceptible de se pétrir sous le choc. Trop mou, trop peu résistant, ce dernier métal eût été d'un bien faible secours pour l'ouvrier si celui-ci n'avait pas trouvé le moyen de lui donner par l'alliage avec d'autres métaux, notamment avec l'étain, la résistance qu'il ne possédait pas. D'ailleurs l'alliage se présentait beaucoup plus fusible, facile à obtenir par moulage avec des formes variées et susceptible de prendre un tranchant durable.

Le bronze et son emploi trouvés, l'homme était devenu métallurgiste.

Plus tard vint l'âge de fer. Ce métal remplaça le bronze dans la fabrication des armes, principalement des armes offensives, et dans la fabrication des outils et autres objets industriels. Mais, dans le domaine de l'art, le bronze a conservé sa place depuis l'antiquité la plus reculée jusqu'à nos jours.

Dans l'Inde et en Égypte, le bronze était employé

sur une grande échelle ; leurs monuments et les inscriptions qu'ils portent en font foi. Les Phéniciens furent, plus tard, renommés dans l'art de fondre l'airain, et l'histoire des Hébreux nous apprend que ce fut Hiram, de Tyr, qui fondit, pour le temple de Salomon, le bassin de bronze ou d'airain servant aux ablutions, lequel était supporté par douze bœufs également d'airain.

Ce fut le midi de l'Europe qui ressentit le premier les effets de la civilisation orientale. L'histoire de la Grèce nous fait connaître plusieurs villes comme ayant été des centres de productions artistiques en airain, c'est-à-dire en bronze, dont plusieurs sont de véritables chefs-d'œuvre. C'est surtout par les œuvres en bronze que nous sont parvenues les plus grandes créations des sculpteurs grecs. Les Romains en dépouillèrent la Grèce vaincue pour orner leurs palais et leurs places publiques. Devenus artistes à leur tour, ils maintinrent pendant plusieurs siècles au niveau le plus élevé l'art de fondre et de travailler le bronze.

Nous retrouvons le bronze au moyen âge, mais son emploi était presque exclusivement réservé aux objets du culte et à la fabrication des cloches. Enfin, nous arrivons à la Renaissance italienne au quinzième siècle, resté si célèbre par la régénération artistique et par les admirables bronzes qu'il a

produits. Je citerai l'une des portes du baptistè
de Florence dont Michel-Ange disait : Elle est ass
belle pour être la porte du paradis.

Avec François Ier et Louis XIV, la France p
une place importante dans la production des bronz
d'art. Cette place est attestée par les magnifiqu
œuvres décoratives du palais de Fontaineblea
fondues par le célèbre sculpteur italien Benvenu
Cellini et par les splendides bronzes de Versaill
fondus par les frères Keller, à Paris.

Au commencement de notre siècle, tous l
efforts se portèrent sur le bronze à canons. I
bronze d'art fut délaissé, et ce n'est qu'après 18
que se produisit un léger mouvement de progr
qui ne se prononça sérieusement que sous l'i
fluence des expositions, dans lesquelles les bronz
d'art français ont certainement tenu le premi
rang.

L'invention de Colas, l'un des fondateurs de
maison Barbedienne, a permis de donner au publ
la réduction des chefs-d'œuvre de la statuai
antique. Aussi le goût français s'est-il épuré, et n
sculptures le prouvent bien par la productio
d'œuvres d'art de premier ordre dont un ass
grand nombre ornent nos places publiques à Pari

Les progrès industriels se sont étendus aussi à l
fabrication du bronze ; ils ont abaissé son prix

ont ainsi servi à l'extension et à la vulgarisation de ses applications.

Composition du bronze. — On donne le nom de bronze à des alliages riches en cuivre contenant de l'étain, presque toujours du zinc et quelquefois du plomb et autres métaux. La présence du zinc est utile pour constituer un moyen d'épuration du métal fondu. Dans ces derniers temps, on a employé à cet effet avec succès du phosphore, du manganèse et du silicium.

Quant au plomb, il donne un métal plus fusible et plus facile à travailler au burin, ce qui est un avantage lorsqu'il s'agit de bronzes d'art. Les bronzes chinois et japonais contiennent 10 pour 100 de plomb et même plus, et c'est peut-être pour cela qu'ils sont susceptibles de prendre la teinte foncée qui les caractérise, mais par contre certains de ces bronzes sont très fragiles.

La plupart des fondeurs de bronzes d'art emploient un métal de composition presque égale à celle des frères Keller dont l'alliage contient :

Cuivre.	91	pour 100.
Zinc.	5,5	—
Étain.	2,0	—
Plomb.	1,5	—

Nos fondeurs modernes doublent la proportio
d'étain en ne mettant que 88 à 89 pour 100 d
cuivre rouge et en réduisant le plomb à 1 pour 10
au maximum.

Le cuivre et l'étain se combinent difficilement
leur union n'est jamais bien intime, aussi suffit-i
de chauffer lentement leurs alliages jusqu'à l
fusion ou de les laisser se solidifier lentement pou
que se produise le phénomène de la liquation. L
différence des températures de fusion en apport
une première explication : le cuivre ne fond qu'à
1.100 degrés, tandis que l'étain fond à 235 degrés.
L'alliage classique de 9/10 de cuivre et de 1/10
d'étain fond à 900 degrés, et, s'il n'est pas refroidi
brusquement, il se produit une liquation partielle
par la séparation d'un alliage deux fois plus riche
en étain que le métal de la coulée.

Les alliages de cuivre riches en étain présentent
cette particularité remarquable d'être durs et quelquefois cassants quand ils ont été refroidis lentement, et d'être, au contraire, malléables lorsque,
chauffés au rouge, ils sont plongés dans l'eau
froide. Pour eux, la trempe produit donc un effet
contraire à celui qu'elle exerce sur les aciers à
outils.

Le zinc se combine mieux avec le cuivre, mais
les alliages s'altèrent dans les creusets parce qu'une

portion de zinc se volatilise à haute température, vers 900 degrés, son point de fusion étant à 410 degrés.

Nous trouvons dans les bronzes antiques, et surtout dans les bronzes préhistoriques, d'autres métaux, surtout le fer et le nickel. Ce dernier est dans la proportion de 1 1/2 pour 100 dans certains bronzes découverts en Savoie, dans les lacs du Bourget et d'Annecy, ou bien dans certaines grottes. Ces bronzes préhistoriques sont en très grand nombre. C'étaient des bracelets, des aiguilles, des broches, clous, couteaux, haches, etc., etc.

Les populations lacustres jouissaient donc d'un certain bien-être dans leurs palafittes, maisons de bois construites sur pilotis à une certaine distance de la rive ; c'étaient les forteresses du premier âge, protégées par de larges fossés remplis d'eau contre les attaques des spoliateurs ou des animaux. Il en était sans doute de même des habitants des cavernes appelés quelquefois Troglodytes, qui y cherchaient un refuge contre les agressions et contre les intempéries.

Non loin des cités lacustres et des cavernes, on a trouvé, il y a peu d'années, près du lac d'Annecy, des vestiges de fonderies. Autour d'un sol calciné, des outils, des moules, des objets de bronze sont des témoins irrécusables de ces usines primitives.

Grâce au merveilleux coup de crayon de M. Régamey, vous allez faire connaissance avec ces spécimens d'une antique civilisation.

Fabrication. — Les bronzes se fabriquent en fondant ensemble les métaux qui les composent. Cette *fusion* s'opère soit dans des creusets, soit sur la sole de fours à réverbère, suivant la quantité à obtenir ou à couler.

En creusets, la fusion s'opère dans de petits fours qui n'en contiennent qu'un seul. Ils sont alimentés au coke dont la combustion est activée soit par du vent forcé, soit par l'air appelé sous la grille par l'aspiration d'une haute et puissante cheminée. Les creusets sont en terre cuite ou en plombagine. Les creusets de terre, qui coûtent le quart du prix des autres, ont l'inconvénient de ne pouvoir être refroidis sans se gercer, de se prêter difficilement au transport et d'être fragiles ; quelquefois ils se cassent à la première fonte. Chaque creuset permet de faire de cinq à quinze opérations de fusion.

Le four portatif de M. Piat obvie en partie aux inconvénients que je viens de signaler. De plus, il permet l'emploi de gros creusets contenant de 300 à 400 kilogrammes de métal et même plus, ce qui permet de fondre de grosses pièces en employant simultanément plusieurs de ces fours portatifs manœuvrés au moyen de grues.

Quand on emploie le four fixe, la fusion s'opère dans le bassin d'un four à réverbère, sur la grille duquel on brûle de la houille. Ce combustible minéral a remplacé le bois desséché en usage précédemment. A côté du four se trouvent les fosses dans lesquelles les moules sont placés debout.

Sur la sole du four, on charge les jets de bronze utilisables, les lingots ou les rognures de cuivre rouge ; leur fusion opérée, on y ajoute le zinc ou mieux le cuivre jaune correspondant ; puis, dans le bain bien chaud, on ajoute l'étain. Pour les raisons que j'ai indiquées plus haut, la coulée doit se faire ensuite aussi rapidement que possible, après un brassage énergique à la perche de bois.

La fonte des objets de bronze à formes variées, déterminées, se fait dans des moules en sable ; celle des lingots destinés à être laminés, tréfilés ou martelés se fait dans des moules en métal dits lingotières.

Pour obtenir un métal bien sain, il est indispensable de surmonter la pièce d'une masselotte, sorte de réservoir dont le contenu alimentera la masse métallique coulée au fur et à mesure que le métal se retassera pendant le refroidissement et la solidification.

1.

APPLICATIONS

1° **Bronzes industriels.** — L'emploi du bronze pour les divers usages domestiques et industriels est aujourd'hui très répandu, et le métal employé varie suivant les applications qu'on doit en faire. Il y a trois catégories principales de bronzes industriels :

1° Les bronzes ordinaires, c'est-à-dire ceux qui contiennent de l'étain et du zinc en proportion qui convient à l'usage auquel ils sont destinés.

2° Les bronzes dans la fabrication desquels il est employé un désoxydant énergique, phosphore, manganèse ou silicium, dont une faible partie reste dans l'alliage.

3° Les bronzes qui sont ainsi appelés par analogie, et qui contiennent une grande proportion de métaux autres que l'étain et le zinc, notamment de l'aluminium, du fer, du nickel, du cobalt, de l'antimoine.

Les bronzes les plus riches en étain sont les plus durs, et se distinguent par conséquent par leur propriété de recevoir un beau poli, en raison de la finesse de leur grain et de leur dureté même ; mais, par contre, ils sont très cassants. Tel est le bronze des télescopes et des miroirs, métal gris d'acier qui contient un tiers d'étain. En Chine et au Japon, la dureté des bronzes pour miroir s'obtient par une addition d'antimoine incorporée dans l'alliage avec du plomb.

Le bronze des instruments sonores, clochés et cymbales, contient moins d'étain, un quart seulement ; le métal est blanc jaunâtre. Ce corps dur et fragile est à grain fin. Ainsi que je vous l'ai dit, la trempe l'adoucit et le recuit le rend dur. Cette particularité est mise à profit dans la fabrication des cloches.

Cette dernière fabrication a été, pour ainsi dire, la seule industrie du bronze pendant plusieurs siècles, au moyen âge. Non seulement, de leur voix puissante, elles appelaient les fidèles à leur temple, mais elles servaient aussi, dans plusieurs provinces, à convoquer le peuple dans ses comices, elles sonnaient le carillon des fêtes et le tocsin du danger.

L'art de fondre les *cloches* et de composer son métal n'appartenait qu'à quelques-uns ; c'était comme un secret de famille qui se transmettait de père en fils. La fonte d'une grosse cloche était un grand événement, et, comme le transport d'une aussi lourde pièce fragile présentait de grandes difficultés, l'opération se faisait le plus souvent au pied de la tour qui devait recevoir la cloche.

Là, on construit la fosse de coulée et le fourneau.

Quant au moule. il se fait au trousseau, d'après un procédé généralement employé pour les pièces rondes. Dans le fond de la fosse, sur une aire de fondation, le mouleur élève une construction creuse offrant extérieurement la forme d'une cloche. C'est le noyau qui s'ébauche et qui se termine au moyen du gabarit rotatif donnant exactement la forme de l'intérieur de la cloche. Séché au moyen d'un feu très doux allumé dans son centre, le noyau est recouvert d'une nouvelle enveloppe de terre non adhérente, et, au moyen d'une nouvelle trousse ou gabarit ayant, cette fois, la forme extérieure de la cloche, le fondeur fabrique une fausse cloche, sur laquelle on modèle à la cire les ornements et ins-criptions qui devront décorer la cloche véritable.

On a un modèle et son noyau. Sur ce modèle on construit le moule et sa chape cerclée et armaturée de façon à pouvoir être manœuvrée, car il faut enlever le moule pour tirer le noyau d'épaisseur, c'est-à-dire, lui enlever la fausse cloche dont la place sera occupée par le métal. On enterre le moule en comblant la fosse de terre et de sable battus fortement, afin d'empêcher tout mouvement lorsque le métal se précipitera dans le vide qui lui est réservé.

C'est ainsi qu'ont été fondus le bourdon de Notre-Dame qui pèse 13.000 kilogrammes et les bourdons d'Orléans et de Reims dont le poids est de 18.000 kilogrammes.

Mais pour ciseler la cloche, il faut en adoucir le métal en le trempant. Or, cette opération lui ayant fait perdre sa sonorité, il faut, pour la lui rendre, réchauffer la cloche et la laisser ensuite se refroidir lentement.

Les *Bronzes de mécanique* sont de composition extrêmement variable suivant les qualités requises pour le métal dans chaque cas particulier. Les proportions d'étain et de zinc sont très diverses, mais le maximum de ténacité est obtenu par les alliages ne contenant que du cuivre et de l'étain, sans matières étrangères. Ces bronzes très résistants proviennent de coulées en lingotières dont les avantages sont partout reconnus aujourd'hui, et dont il sera question quand je parlerai du métal à canon.

Les bronzes au phosphore ont rendu depuis quelques années de très grands services pour les pièces de mécanique, pour les fils télégraphiques et téléphoniques. Ce sont des alliages de cuivre étain et zinc pour la fabrication desquels il a été fait emploi de phosphure de cuivre, et dans lesquels il reste quelques millièmes de phosphore. Ainsi, depuis quinze ans, la compagnie d'Orléans a décidé l'application en grand du bronze phos-

phoré, et aujourd'hui, il y est employé exclusivement pour les coussinets, les tiroirs, etc. Ces
bronzes ont une grande homogénéité, une ténacité
notablement augmentée, une dureté facilement
graduée et une usure moins rapide.

La teneur en zinc de quelques bronzes phosphoreux est relativement très élevée. L'alliage est
plus fusible; les caractères physiques du métal
fondu ne sont plus les mêmes. Le bain de bronze
ordinaire est rouge blanc et mat, offrant à l'œil
une surface calme; celui du bronze phosphoreux
est d'un éclat éblouissant, et il se produit à la
surface un mouvement giratoire particulier que
l'on reconnaît facilement lorsqu'on l'a observé une
fois, quand même la proportion de phosphore ne
dépasserait pas un demi-millième.

La fluidité particulière que l'alliage tient de la
présence du phosphore permet d'obtenir facilement des pièces sans soufflures, mais elle aurait
l'inconvénient de permettre au métal en fusion de
s'imbiber dans le moule de sable, si celui-ci
n'était pas enduit d'une couche préservatrice de
plombagine mélangée de mélasse.

Il serait trop long de vous parler des bronzes
spéciaux, mais je signalerai à votre attention le
bronze d'aluminium, composé de 90 à 95 p. 100
de cuivre, et de 5 à 10 p. 100 d'aluminium; métal

blanc qui est remarquable par sa légèreté, puisqu'il pèse moins que le verre et que certaines pierres calcaires. L'alliage au dixième d'aluminium est bien fixe, homogène et très tenace, à tel point qu'on a fait quelques essais en vue d'étudier son application aux bouches à feu.

Le bronze d'aluminium se travaille bien à froid, et se forge à partir du rouge sombre; il se moule bien, mais il a l'inconvénient de se ternir à l'air et de perdre trop vite sa belle couleur d'or, de sorte qu'appliqué aux usages domestiques, il a le grave inconvénient d'exiger un entretien constant.

2° **Bronze à canons.** — Le bronze à canons a la composition classique; environ 90 p. 100 de cuivre et 10 p. 100 d'étain, avec des quantités très faibles d'autres métaux. C'est cet alliage du cuivre qui possède la plus grande résistance lorsqu'on apporte à sa fabrication tous les soins nécessaires et qu'on fait l'emploi d'un corps avide d'oxigène pour nettoyer le bain de toutes ses impuretés.

Jusqu'en 1870, le moulage des bouches à feu s'est fait d'après le procédé employé depuis nombre d'années dans les fonderies de l'État, tant en France que dans les pays étrangers. La pièce était coulée debout, pleine, la culasse en bas, avec une masselotte très haute et de petit diamètre

placée sur la bouche, et le moule était en sable.
Pendant le siège de Paris, les ingénieurs civils e
les industriels chargés de faire des canons er
l'absence de nos officiers d'artillerie, ont d'abord
employé le procédé réglementaire, mais ils se sont
bien vite aperçus que le métal ainsi obtenu n'avait
pas certaines qualités que possédaient quelques
bronzes industriels de premier choix. La résistance
était moins grande, le phénomène de liquation
venait altérer le métal, mais, au bout de quelques
semaines, grâce à l'intelligente initiative de
MM. Laveissière, fondeurs à Saint-Denis, on fabri-
qua un nouveau bronze à canons qu'on appelle
depuis le métal à canons parisien.

Au lieu de couler dans un moule en sable, on
employa un moule métallique; au lieu de fondre
la pièce la culasse en bas, on l'a fondue la culasse
en haut, surmontée d'une masselotte basse, mais
grosse de diamètre. En un mot, on fit, à peu près,
tout le contraire de ce qui était considéré depuis
cent ans comme le dernier mot du progrès, et on
obtint un métal tellement supérieur au précédent,
qu'il a pu être comparé comme résistance et
comme élasticité à l'acier à canons.

Il y a même un pays, l'Autriche, qui a donné la
préférence aux canons de bronze, et son artillerie
en est, pour ainsi dire, exclusivement composée.

Un de ses officiers, Uchatius, avait proposé vers 1866, de mandriner l'âme des bouches à feu pour les durcir, mais ce n'est que lorsqu'en 1873 il a eu à sa disposition le bronze parisien, qu'il a présenté un canon véritablement remarquable, à tel point que le gouvernement autrichien l'a choisi de préférence au canon d'acier.

En Russie, le colonel Lavroff a coulé également des canons de bronze en coquilles et la culasse en l'air, adoptant ainsi le procédé parisien, et un certain nombre de canons russes sont ainsi fabriqués.

En définitive, le nouveau bronze à canons a présenté une résistance à la rupture qui a augmenté de plus de moitié, et un allongement qui a été presque quintuple. Ce sont là des résultats très remarquables que les Parisiens assiégés ont obtenus en cherchant à perfectionner autant que possible leurs moyens de défense.

Sous la patriotique impulsion du ministre Dorian, tous, savants, ingénieurs, industriels et ouvriers, se sont mis résolument à l'œuvre, et ont montré ce que peut l'initiative privée dans notre chère ville de Paris.

3° **Bronze monétaire.** — L'alliage choisi pour les monnaies de billon a un grain fin, il est dur et résiste bien à l'oxydation. Il est aujourd'hui composé de la façon suivante :

<pre>
Cuivre 95
Étain.   4
Zinc   1
                            ─────
                            100 parties
</pre>

Voici comment se fabriquent les monnaies à Paris :

On charge dans le creuset les matières nécessaires, comprenant un peu plus de zinc qu'il n'en reste dans le métal, parce qu'une partie sert à désoxyder le bain, et se sépare par volatilisation ou autrement. Le creuset est placé dans un four à vent fonctionnant sous l'aspiration puissante d'une cheminée.

Le métal est coulé en lingotières métalliques, et les lingots se laminent bien, à froid, à la condition de subir plusieurs opérations de recuit, au fur et à mesure de l'étirage. On le réchauffe dans des fours à sole tournante qui permettent d'obtenir une plus grande régularité de chauffage. Les bandes étirées sont ensuite découpées en *flans* que l'on chauffe dans des caisses avec du charbon de bois pour les adoucir et les rendre moins oxydables.

Les flans sont décapés et ensuite frappés à la

machine pour recevoir les empreintes qui les transforment en monnaies.

4° Bronzes d'art. — Je vais vous entretenir des procédés actuellement employés pour la fabrication des fontes d'art, et je décrirai plus spécialement ceux qui sont mis en usage pour la fonte des statues.

Tous les bronzes d'art sont fabriqués sur des modèles venant, soit de l'atelier du sculpteur, soit du magasin des modèles, s'ils ont été déjà coulés. Dans le premier cas, le statuaire livre une épreuve en plâtre, et dans le second cas, le modèle est lui-même le plus souvent en bronze ciselé avec soin, puisqu'il est appelé à servir autant de fois qu'il sera demandé de pièces semblables.

Les bronzes d'art se fabriquent tous creux, avec une épaisseur de métal très faible, variant de 2 à 10 millimètres suivant l'importance de l'objet; non seulement pour les rendre plus légers, et par suite moins coûteux, mais aussi pour pouvoir obtenir des surfaces plus délicates et plus fines. Il en résulte que le moule se compose de deux parties, l'une extérieure, dite le moule proprement dit, qui est la reproduction en creux de l'œuvre d'art à obtenir. et l'autre appelée noyau qui se

place à l'intérieur représente en relief le vide intérieur de l'œuvre.

Autrement dit, le moule fini et prêt à recevoir le
métal, présente un vide entre le moule proprement
dit et son noyau, vide qui est la représentation
fidèle du bronze qui composera l'objet d'art.

Il y a deux procédés de moulage :
Le moulage ordinaire au sable ;

Le moulage à cire perdue, le seul en usage
autrefois, et pour lequel des tentatives sont faites
en ce moment à Paris, non sans succès, pour le
remettre en faveur, surtout pour la reproduction
des pièces dont une seule épreuve doit être tirée.

Je vais décrire successivement ces deux procédés.

Moulage au sable. — C'est ce procédé de moulage qui est depuis longtemps presque exclusivement employé. Le célèbre fondeur de bronzes
d'art, M. Barbedienne, n'en emploie pas d'autre.
Je décrirai donc ce procédé avec quelques détails.

Il est nécessaire, le plus souvent, surtout
lorsqu'il s'agit d'un objet important, comme une
statue, de le fondre en plusieurs pièces afin
d'assurer le succès de l'opération. Sans cette division, en effet, la pièce présenterait des difficultés

de moulage, pour ainsi dire, insurmontables, et d'ailleurs, il surviendrait, après la coulée, des cassures dans le métal, provenant de son retrait au réfroidissement.

Le retrait du bronze est de 1 p. 100 pour des épaisseurs de 1 centimètre, mais il descend jusqu'à 0,6 p. 100 pour les faibles épaisseurs. Pour certaines statues, comme les statues équestres, les cassures au retrait sont, pour ainsi dire, inévitables, dans certaines parties où le métal enchâssé dans le moule ne peut prendre son retrait sans casser le moule, ou plutôt, sans se casser luimême.

Les différentes parties sont ensuite réunies par des assemblages pour former un tout. Mais il a été pratiqué tout dernièrement par MM. Thiébaut frères, pour la statue équestre d'Étienne Marcel, un procédé nouveau qui a permis de supprimer des assemblages et d'obtenir la statue d'une seule pièce, comme si elle avait été fondue d'un seul jet.

Arrivons à la confection du *moule* qui exige des ouvriers soigneux et expérimentés.

Le modèle est d'abord placé sur un lit provisoire en sable appelé *couche* destiné à le maintenir dans une position bien fixe pour permettre le battage des différentes pièces dont le moule va être composé. Ces *pièces battues* en sable sont en nombre

suffisant pour pouvoir être démontées sans se
briser, et sans exposer le modèle à être détérioré

Le sable est foulé au doigt ou au poing, puis a
fouloir, à la batte et au maillet en bois. On a soi
de saupoudrer de fécule toutes les faces de jonc
tion des pièces battues, afin de pouvoir les sépare
facilement. Pour les faces qui doivent être et
contact avec le métal, la fécule est remplacée pa
du talc, substance minérale réfractaire.

L'ensemble de ces pièces battues et juxtaposées
est recouvert d'une *chape* qui se fait, soit en sable,
soit en plâtre pour les grosses pièces, puisqu'il
s'agit d'une partie extérieure qui ne sera pas sou-
mise au contact du métal en fusion.

La première coquille du moule est ensuite
retournée, de telle sorte que la couche se trouve
en dessus ; celle-ci est enlevée et remplacée par
une série de pièces battues comme pour le premier
côté, et après que l'on a fait la seconde partie de
la chape, c'est-à-dire, la deuxième coquille, le
moule est complet.

Toutes les pièces du moule étant ainsi prépa-
rées, il faut sortir le modèle. On ouvre le moule en
enlevant d'abord la dernière demi-chape, on
démonte toutes les parties une à une, en commen-
çant par la dernière pièce posée et en suivant un
ordre inverse pour le démontage. Les pièces sont

placées dans leurs coquilles respectives dans les châssis de fonderie le plus souvent, et l'ouvrier apporte au travail de *remmoulage*, délicat et difficile, toute l'adresse dont il est capable. Il est aidé par les repères en creux et en relief qu'il a eu soin de ménager sur les faces de contact des pièces battues, repères constituant des espèces de tenons et de mortaises mi-sphériques, ayant aussi pour but de donner à ces pièces la solidarité voulue. On réunit souvent les pièces par groupes, de façon à constituer un certain nombre de pièces principales.

Enfin, on a eu soin de ménager dans l'épaisseur des parois en sable les conduits vides qui sont nécessaires pour faire arriver le bronze aux points convenables, pour évacuer le métal en excès et pour permettre l'évacuation de l'air. Ces derniers conduits s'appellent des *évents*.

Le moule extérieur ainsi terminé, saupoudré de poussier de charbon pour que le sable ne s'égrène pas, est porté à l'étuve pour subir un premier séchage, avant de servir à la confection du noyau. Le moule proprement dit est au moins en deux pièces pouvant être serrées l'une contre l'autre par des boulons, des vis à double filet, etc.

Il faut faire ensuite le *noyau* correspondant au vide intérieur, et pour cela, on se sert du moule lui-même, au moyen duquel on fabrique en sable

plus poreux une statue semblable à celle que l'on
veut obtenir. Pour avoir la porosité voulue, on
mélange au sable, soit du crottin de cheval, soit du
poil de vache, ou autres substances donnant au
sable à la fois un peu de porosité et un peu d'élasticité. Le mouleur a soin de consolider son noyau
au moyen *d'armatures en fer*, et de placer à l'intérieur, soit des fers creux appelés lanternes, soit
des cordes en suif pour ménager au sein du noyau
une série de vides communiquant tous avec le
collecteur destiné à l'évacuation de l'air et des gaz
au moment de la coulée.

Pour terminer le noyau, il faut enlever à la
statue de sable, et sur toute sa surface, une
épaisseur égale à celle que l'on veut donner au
métal. On a ainsi enlevé, pour ainsi dire, l'épiderme de la statue noyau, ce qui s'appelle *tirer le
noyau d'épaisseur ;* on le replace sur ses portées
dans le moule, en ayant soin, aux points où cela
est nécessaire, de placer des petits supports pour
assurer la position relative du moule et de son
noyau. On porte le tout à l'étuve pour achever le
séchage. Après qu'on a refermé une dernière fois
le moule et qu'on l'a consolidé par ses attaches,
celui-ci est terminé, il faut procéder à la coulée.

S'il s'agit d'une pièce de quelque importance,
on place à la partie supérieure du moule un bassin

en fonte communiquant par un trou avec le conduit principal appelé *jet;* ce trou est bouché par une quenouille que l'on soulève lorsque tout le métal nécessaire à la fonte a été versé dans le bassin. Le bronze fondu se précipite dans le moule par tous les jets qui ont été préparés, l'air et les gaz s'écoulent par les évents et aussi par les conduits d'air du noyau, et le métal en excès se déverse au point qui a été ménagé. La statue est fondue.

Lorsque la statue est de grandes dimensions, le moule se fait dans la fosse même voisine du four où elle sera coulée. Il n'y a plus alors de châssis ; ce sont les faces maçonnées de la fosse qui en tiennent lieu, car on remplit tout l'espace existant autour du moule proprement dit.

La statue une fois fondue, il faut la débarrasser de son moule qu'on est obligé de briser et il faut ensuite enlever le noyau en faisant sortir le sable dont il est composé, soit par la base, soit par d'autres ouvertures aménagées *ad hoc* aux points les moins visibles, puisqu'il sera nécessaire d'y rapporter une pièce.

Il est bon de ne pas attendre pour casser le moule que le métal se soit refroidi ; il y a intérêt à procéder au démoulage, alors qu'il est bien solidifié, mais encore chaud, pour avoir un bronze plus malléable, et surtout pour éviter, autant que possible, les cassures au retrait.

J'ai dit que le plus souvent la statue était fondue en plusieurs pièces, pour éviter des cassures au retrait de la fonte, qui se produiraient infailliblement dans certaines parties qui ne pourraient pas prendre librement leur retrait par suite de la résistance due au moule, en raison de la forme même de ces parties.

D'autres fois, quand il s'agit, par exemple, d'une statue équestre, la division en plusieurs pièces fondues séparément s'impose d'une façon absolue, et pour réunir les diverses pièces devant former l'ensemble de l'œuvre, on a eu soin de faire venir de fonte aux joints des manchons intérieurs dont le monteur se sert pour faire l'assemblage au moyen de goupilles, de clavettes, de vis à écrous, et après le montage, on opère le sertissage des joints, de sorte que la statue paraît être d'une seule pièce.

MM. Thiébaut frères viennent d'employer pour la statue équestre d'Étienne Marcel un mode de fabrication qui permet d'obtenir *la statue d'une seule pièce*, tout en la fondant *en plusieurs jets*.

Ce mode de fabrication a consisté à fondre à

part les dix parties qui n'auraient pu venir de fonte sans casser au retrait (les quatre jambes du cheval, les deux bras et la tête du cavalier, ses deux jambes et enfin la queue du cheval), et à mettre ces parties dans le moule général à leur place respective, de façon à obtenir, au moyen de certaines précautions, l'union intime du métal en se servant de la chaleur du dernier métal coulé pour produire la fusion du premier sur une certaine épaisseur.

Ce procédé est employé depuis longtemps avec succès sur les pièces en fonte qu'il s'agit, soit de recharger, soit de réparer ; mais, pour que l'opération réussisse, il faut que du métal en fusion circule en assez grande quantité sur la partie à relier par fusion, et, à cet effet, on dispose des poches ou des jets permettant la circulation du métal dont l'excès est recueilli hors du moule. Des précautions analogues ayant été prises par MM. Thiébaut, il est permis d'affirmer que les dix pièces de la statue équestre n'en forment qu'une seule.

On a eu soin, en effet, de faire venir de fonte des manchons à chacune des dix pièces fondues à part, et de disposer dans le moule général, au-dessus de chaque manchon, une poche d'alimentation qui fournit le métal en excès. Mais on avait eu soin aussi de couper d'avance le moule dans les parties extrêmes, afin de ne pas les gêner dans le mouve-

ment de retrait, ce qui aurait amené une cassure,
soit au point de réunion, soit plus loin, dans le métal en refroidissement.

Mais j'arrive au **Moulage à cire perdue**, qui a
été pratiqué à la Renaissance par les fondeurs ita-
liens, et notamment par Benvenuto Cellini, appelé
en France par François Ier. C'est ainsi que se for-
mèrent les fondeurs français, et, plus tard, les frères
Keller, auxquels Louvois, ministre de Louis XIV,
confia la direction des fonderies de l'arsenal.

Mais le succès complet n'accompagnait que très-
rarement les opérations; beaucoup échouèrent, et
d'autres ne réussirent qu'incomplètement, de sorte
que la plupart des grandes statues de la Renaissance contiennent des pièces rapportées par suite
de manque de métal en plusieurs points de l'œuvre.
C'est pour éviter ces défauts que les frères Keller
eux-mêmes abandonnèrent le moulage à cire perdue pour adopter, pour quelques-unes de leurs
œuvres, le moulage au sable pratiqué depuis.

Mais, il faut bien le dire, le moulage au sable ne
permet pas de donner aux surfaces le fini et la dou-
ceur du moulage à la cire perdue. Aussi doit-on
applaudir aux efforts qui sont faits pour remettre
en pratique, tout en le perfectionnant, un procédé

grâce auquel ont été produits un grand nombre de bronzes d'art qui font l'admiration des vrais connaisseurs.

Voici comment se fait aujourd'hui le moulage à cire perdue d'une statue :

Sur l'épreuve en plâtre du sculpteur, on prend un *moule à bon creux* en plâtre, et c'est ce que ne faisaient pas les fondeurs de la Renaissance, de sorte que l'œuvre pouvait être perdue à la suite d'un accident. D'ailleurs, ce n'est pas précisément pour conserver le modèle qu'on fait aujourd'hui le moule à bon creux, mais c'est parce qu'un tel moule est indispensable pour les opérations que l'on fait aujourd'hui.

Avec ce moule, on prend une statue en sable composé comme celui des noyaux, dans le cas du moulage en sable ; autrement dit, on a employé une composition de sable, de terre et mélange de matières, afin d'obtenir la porosité et l'élasticité. Mais on a eu bien soin de poser préalablement dans le moule de très fortes *armatures en fer* et d'ajouter des *lanternes* percées de trous très nombreux afin de recueillir tous les gaz provenant du noyau lui-même, au séchage, ou bien ceux qui, plus tard, se dégageront du moule au moment de la coulée. Toutes ces lanternes, composées de feuillards enroulés, se réunissent jusqu'à un ou plusieurs collecteurs qui font saillie dans les parties hautes de la statue.

La statue noyau est portée à l'étuve où elle est lentement séchée. Si elle est grosse, elle est remise dans le moule pour être ramenée à sa forme, en raison de la déformation assez sensible qui se produit au premier séchage. Elle est ensuite tirée d'épaisseur, en même temps que le mouleur remplit les gerçures qui se sont produites à l'étuve, et qu'il consolide la surface au moyen d'épingles et broches en fer enfoncées dans le noyau. Plusieurs opérations d'étuvage sont quelquefois nécessaires.

On a donc ainsi fait tout d'abord un noyau tout à fait analogue à celui qui se fait à la fin de l'opération d'un moulage en sable. Mais il y a cette différence qu'au lieu de couler du bronze dans un moule en sable, on coule de la cire dans un moule de plâtre, après avoir garni à la main et modelé dans le moule à bon creux une petite épaisseur de cire. Celle-ci est constituée par un mélange de cire vierge et de paraffine avec addition d'un peu de colophane pour durcir. On démoule et on a une statue en cire à noyau poreux et réfractaire.

L'*artiste* revoit son œuvre, la retouche légèrement et *modèle définitivement la statue en cire* pour la livrer au mouleur fondeur auquel il reste à faire le moule réfractaire en sable, dans lequel le bronze sera fondu ; mais si l'artiste a retouché son œuvre assez profondément pour diminuer en quelques points l'épaisseur de cire, il peut en résulter des manques de métal qui nécessiteront l'apposition de pièces.

La fabrication du moule proprement dit exige beaucoup de soins et beaucoup de temps, car il convient de déposer au pinceau les premières épaisseurs de sable convenablement composé, et lorqu'il s'agit d'une statue de grande dimension, les couches successives doivent être très nombreuses, puisqu'il faut recouvrir la cire d'une sorte d'épiderme assez épais pour résister à la pression du métal en fusion. Il convient de laisser sécher chaque couche avant de passer à la suivante, et c'est ce qui explique pourquoi l'opération est de longue durée.

Après avoir constitué l'enveloppe de la statue de cire qui formera la surface du moule, on place des armatures autour de la statue, et on y met également des bâtons de cire aux points où l'on veut ménager des jets de coulée, ainsi que les conduits inférieurs par où la cire s'écoulera. Après, on tasse du sable mélangé comme le précédent pour garnir et renforcer l'enveloppe, afin de constituer *d'une seule pièce le moule* proprement dit.

Le tout est porté à l'étuve quand la pièce est petite, ou bien, si la pièce est forte, elle est placée de suite dans la fosse où elle doit être coulée ; on procède alors à l'importante opération du recuit qui a pour principal but de faire fondre la cire et de la faire s'écouler par des conduits inférieurs qui sont ensuite bouchés sur une certaine longueur. La cire ayant disparu, ce dont on s'aperçoit lorsque la chaleur a pénétré jusqu'à la partie inférieure du moule, celui-ci se compose d'une partie inférieure, formant noyau, comme dans le cas du moulage au sable, et d'une partie extérieure.

Il ne reste plus qu'à couler la statue. Le fondeur doit couler très chaud, afin que le métal vienne remplir tous les vides occupés d'abord par la cire.

Jusqu'ici, les grandes statues moulées à cire perdue ont présenté très souvent des manques, soit parce que la cire ne s'était pas entièrement écoulée, soit parce que l'artiste avait retouché trop profondément la cire, soit parce que les jets de coulée n'étaient pas bien répartis, soit enfin parce que le noyau a fait un mouvement sous la pression du métal en fusion. Aussi est-il très important d'armaturer solidement le noyau et de lui donner des points d'appui suffisants pour qu'il soit bien stable pendant la coulée. Peut-être les praticiens reconnaîtront-ils qu'il est nécessaire de multiplier les portées du noyau aux endroits les moins apparents. Il en résultera, il est vrai, des petits trous dans le bronze, mais qu'il sera bien facile de boucher ultérieurement.

Les partisans du moulage à cire perdue font valoir que les surfaces sont bien plus fines, plus délicates, et que d'ailleurs le procédé se prête mieux pour obtenir des figures d'un seul jet, sans pièces assemblées.

Mais les partisans du sable objectent sur ce dernier point, et avec quelque raison, que les statues à cire perdue casseront au retrait dans le voisinage des parties saillantes ou rentrantes, ce à quoi les fondeurs qui pratiquent la cire perdue répondent que leurs moules n'étant pas dans des chapes ou des châssis, sont bien moins résistants et cassent plus facilement sous les efforts du métal.

Quant au fini des surfaces obtenu par la cire perdue, personne ne le conteste, mais il est observé que les objets ainsi moulés ont besoin de passer par les mains du ciseleur pour enlever notamment les tenons et les tranches. Avec le moulage ordinaire, le travail du ciseleur est, il est vrai, plus important, puisqu'il faut enlever toutes les bavures qui viennent au droit des joints du moule, et raccorder les deux parties voisines ; mais qu'importe, si le fini est aussi parfait, et si malgré le travail beaucoup plus considérable de ciselure, on trouve avantage à ne pas employer la cire perdue?

D'ailleurs, quand il s'agit de statues plus grandes que nature, à monter sur un piédestal ou à placer à une certaine hauteur, où est l'intérêt du fini de la surface qu'il est impossible d'apprécier?

Quoi qu'il en soit, le moulage à cire perdue exige l'intervention de l'artiste auteur de l'œuvre, et donne, par conséquent, à la pièce fondue le caractère d'une œuvre originale; mais s'il s'agit de pièces à reproduire, les avantages de la cire perdue n'existent plus, puisque avec beaucoup de soin, il sort des ateliers de nos habiles fondeurs des objets d'art moulés à la façon ordinaire, et qui sont aussi délicats de forme et de fini.

Pour terminer cette conférence déjà un peu longue, je vais vous dire quelques mots de deux statues colossales en bronze : le Dai-Boutz, au Japon, et la statue de la République, à Paris.

C'est à Kamakoura que se dresse, au-dessus des arbres, la tête immense du *Dai-Boutz* (le grand Dieu. En avançant vers la statue, dans un riant vallon, on arrive en face du colosse qui apparaît dans son calme effrayant et sa majesté divine et puissante.

Le Bouddha, ainsi que M. Régamey vous le montre, est représenté accroupi, les jambes croisées, dans l'attitude de la méditation, les deux mains renversées, la paume en l'air.

Devant le Dieu sont des vases garnis de lotus en bronze, des lanternes et des chandeliers. Tous ces objets paraissent, de loin, assez petits, mais quand on s'approche, on est surpris de voir qu'ils ont deux fois la hauteur d'un homme.

Le Dai-Boutz a près de vingt mètres de hauteur et se dresse sur une base de granit.

La statue qui orne la place de la *République*, à Paris, a été fondue chez MM. Thiébaut frères. Elle ne mesure pas moins de sept mètres cinquante centimètres des pieds au sommet de la tête. Elle a été coulée en trois pièces principales et six petites pièces pesant ensemble 10.500 kilogrammes de bronze .La branche de laurier qu'elle tient de la main droite mesure 2^m,20 et pèse 117 kilogrammes.

Le piédestal sur lequel repose la statue est orné, à sa partie supérieure, de guirlandes pesant 1.100 kilogrammes. Le lion placé sur l'avant du piédestal est en haut relief avec urne, bouclier et palmes sur fond. Avec les divers ornements qui accompagnent, le lion a été fondu en six pièces pesant 2.500 kilog. Il a 4 mètres de longueur et 2^m,50 de hauteur.

Enfin, les douze bas reliefs, ou plutôt les douze

hauts reliefs qui sont autour de la base du piédestal représentent :

La prise de la Bastille ; — Le serment du jeu de Paume ; — L'abandon des privilèges ; — La fête de la Fédération ; — Une Séance de la Constituante ; — Les Enrôlements volontaires ; — La Bataille de Valmy ; — Le Combat du Vengeur ; — Le Drapeau tricolore repris en 1830 ; — Le Gouvernement provisoire de 1848 ; — Le 4 Septembre 1870 ; — La Fête Nationale du 14 juillet 1880.

Ces douze objets sont du poids moyen de 410 kilos chacun, et constituent la partie la plus coûteuse relativement, à cause du très grand nombre de pièces qui les composent. Ainsi, celui des hauts reliefs qui représente la Fête Nationale du 14 juillet 1880 est composé de 58 pièces.

La statue de la République, comme le Dai-Boutz, est composée d'un métal qui défiera les efforts du temps, et il en sera de même des institutions que le pays s'est librement données, de la République, enfin, si nous nous en montrons dignes en mettant en pratique les trois mots inscrits au frontispice de nos édifices publics.

C'est-à-dire, si nous respectons la liberté des autres, si nous n'oublions pas qu'il n'y a pas de droits sans devoirs et si nous apportons dans nos rapports l'esprit de fraternité ; en un mot, si nous pratiquons toutes les vertus civiques.

A ces conditions, la République sera impérissable. (*Applaudissements prolongés.*)

FIN.

Paris. — Imp. E. Capiomont et Cie, rue des Poitevins, 6.

www.ingramcontent.com/pod-product-compliance
Lightning Source LLC
LaVergne TN
LVHW020008180726
843503LV00008B/3858